칼잡이의 전설

샘문시선 **1040**

한용운문학상 대상 수상 기념
김정호 제10시집

회화나무 아래에서는 아무도 노래하지 마라
마치 빚쟁이라도 된 것처럼
우리 가슴앓이 돌고 돌아도 맨날 그 자리
수십 갈래 꽁꽁 묶인 마음 풀릴 때 즈음
젊은 날 그리던 풍경 소리
들을 수 있다더라
〈회화나무 아래, 일부 인용〉

혼자라도 상관없어요

떠돌이별이 되고 싶다고요
그럼, 총총 빛나는
별을 달고 오세요

맨발로
마중 갈게요
〈함빛나는 별을 달고 - 솜다리 -, 일부 인용〉

퍼내도 퍼내도 마르지 않는 냉기
반쯤 기운 소주병에는 살얼음만 가득하고
그 옆에는 가슴에 제각기
매화, 진달래, 개나리, 산수유
꽃 이름표를 단 노숙자
몸 비닐 아련히 떨며 머리끝까지
봄을 끌어다 잠들어 있다
〈바람자리, 일부 인용〉

_____ 님께

년   월   일

_____ 드립니다.

도서출판 **샘문**

한용운문학상 대상 수상 기념

칼잡이의 전설

김 정 호 제10시집

여는 글

열 번째 시집을 내면서도

제대로 된 시詩앗 한 알 거두지 못했다.

"네 그럴 줄 알았다"

그렇다고 시를 내려놓고는 숨조차 쉴 수 없어
미완의 시들을 품고 마음 여행 중이다.

그런 어느 날
어둠이 나를 삼켜 절망하고 있을 때,
산이 나를 품어 주었다.

이제 산방山房으로 돌아갈 때가 되었나 보다.

2023년 立夏 즈음

신항 입구에서 **美石** 드림

평 설

세태풍자와 아이러니,
향토적 서정의 사물시

손해일(시인, 교수, 문학박사, PEN 35대 이사장)

1. 여는 글

김정호金正浩 시인의 제10시집 『칼잡이의 전설』 발간을 진심으로 축하드린다. 약력에서 보듯 1961년 전남 화순에서 태어나 2002년 『시의 나라』 신인상으로 등단한 김정호 시인은 20년 넘게 한국작가회의 회원, 국제펜한국본부 회원, 문학그룹샘문 회원, 부산시인협회 회원, 등으로 활동을 해오고 있다.

그동안 첫 시집 『바다를 넣고 잠든다』를 비롯해 이번에 한용운문학상 대상 수상 기념으로 10번째 시집을 상재하고, 2010년에는 『문학광장』에 수필로도 등단해 수필집 『판죽걸이』를 내는 등 창작활동도 열심히 하는 작가이다. 특히 김정호 시인은 업무강도가 세기로 소문난 국세청 공무원으로 40년을 근무하고 표창도 여럿 받았는데, 2020년 정년퇴직 후 샘문시선에서 출간하는 이번 시집은 제목이 『칼잡이의 전설』이다. '칼잡이'라는 표현은 직업의식을 은유적으로 암시하고 있음을 알 수 있다.

이 시집은 제1부 백수 일기(16편), 제2부 실어증(16편), 제3부 내 사랑으로 채워 줄께(16편), 제4부 두동 가는 길(16편) 등 전체 4부 64편으로 구성되어 있다. 이번 시집의 작품세계를 한 마디로 축약한다면 "세태풍자와 아이러

평 설

니, 향토서정의 사물시"라 규정할 수 있다. 시인 시작품의 주조는 서정이라 할 수 있지만, 특히 이번 시집은 엄정한 근무환경을 벗어나 정년퇴임 후 보다 자유로운 정신으로 작품창작에 임함으로써, 세상을 객관적으로 보는 여유와 비판적인 시각이 더욱 충일해졌다는 의미이다.

일반적으로 시詩 쓰기는 '말하기와 보여주기'로 대별 할 수 있다. 말하기는 시적 대상이나 사건에 대해 화자가 1인칭 또는 3인칭으로 진술하는 방식으로 사실주의와 낭만주의 시풍에서 많이 볼 수 있다. 반면에 보여주기 시는 설명과 진술보다는 이미지를 만들어 그림으로 보여주는 시詩이며, 모더니즘과 형이상 시에서 많이 보인다.

시인의 이번 시집에서는 세태풍자와 아이러니를 주조로 하다 보니 '말하기 시풍'이 두드러진다. 필연적으로 관념시보다는 사건과 사실을 예시하며 풀어가는 '서정적 사물시' 성격이 짙다. 예를 들면 「미로찾기」 「소박한 꿈」 「백수일기」 등의 작품이다. 시인은 10권의 시집을 발간한 저력만큼 시상 전개와 압축, 시어 선택 등에 진경을 보이고 있다. 이제 작품을 통해 이를 확인해 본다.

2. 세태풍자와 아이러니

일반적으로 우리가 사용하는 비유법은 '의미의 비유'와 '말의 비유'로 나눈다. 의미의 비유는 직유, 은유, 상징, 환유, 제유, 풍유, 인유, 성유 등이 있다. 말의 비유는 도치, 과장, 대조, 열거, 반복, 영탄, 반어, 역설, 모순, 어법 등이 있다.

김시인이 표제시로 내세운 「칼잡이의 전설」에서는 상징, 풍자, 반어, 역설, 아이러니 기법이 차용되고 있다.

평 설

1.
네 애비는 40년 칼잡이였다/ 그 누구도 그 마음을 바꾸지 못했다/ 날마다 반 토막 난 꿈을 꾸지만/ 진실과 정의는 유폐당한 지 오래/자유를 보장받지 못한 노예가 되기 싫었다/ 이제, 파도처럼 들리는 울음소리에/ 더는 정을 주지 않아도 된다/ 그 울음에 꽂히면 찌르면 찌를수록/ 내가 찌른 칼에 스스로 무너지는 법/ 거문고 줄처럼 팽팽해진 날의 비명으로/ 마음을 다스리곤 했다//

2.
쓰러져도 묻을 수 없는 열병 난 돼지들/ 혈흔 한 점 없이 해체하기로 했다/ 터진 내장은 도수 높은 소주에 절이고/ 살과 뼈는 앞뒤로 뒤집어 분리하고/ 마구리는 맑은 물에 푹 삶아/ 다시 홍두깨살과 토시살 오돌갈비를/ 칼끝으로 헤집어 광장에 매달아 두면/ 죽은 낮달 돌아와 포식하겠지//

-「칼잡이의 전설」일부

제1연 첫 행 "네 애비는 40년 칼잡이였다"는 마치 "애비는 종이었다"로 시작하는 서정주의 「자화상」을 연상시킨다. 여기서 '칼잡이'는 넓게는 검객, 사무라이로 세상의 불의를 응징하는 정의의 사도이다. 좁게는 도축기술자를 상징한다. 화자가 40년 칼잡이 세무공무원으로서 외풍에 흔들리지 않는 꿋꿋한 직업인으로서 겪었을 각종 사회 비리와 경제비리, 지역주의 패거리 문화에 소외되었던 울분과 정의감에 대한 응징 심리가 내재해 있다.

"그 울음에 꽂히면 찌르면 찌를수록/ 내가 찌른 칼에 스스로 무너지는 법/ 거문고 줄처럼 팽팽해진 날의 비명으로/ 마음을 다스리곤 했다//"는 구절처럼 내가 찌른 칼에 스스로 무너지지 않겠다는 마음 다스림은 역설적이고 아이러니하다.

> **평 설**

 제2연은 불법행위자, 기득권자, 반사회적 지도층을 돼지로 상정하고, 도축업자처럼 이를 내장, 살과 뼈, 마구리, 홍두깨살, 토시살, 오돌갈비 등 부위별로 해체 응징함으로써 정의를 되찾겠다는 다짐을 토로하고 있다. 일종의 심리적 방어기제로서 보상을 받겠다는 설정이다.

  때만 되면 출몰하는/ 심해의 괴물/ 다음은/
  당신이 제물이 될지도 모르니/ 다들 조심들 하라고//

            - 「지역주의」 전문

 지역주의는 현재 우리 민족의 고질적 병폐인데 영호남 편 가르기와 차별은 특히 선거철만 되면 극성을 부린다. 김정호 시인은 이를 은유적으로 비꼬고 있다.

  바지여 바지/ 그냥 바지가 아닌 핫바지라고/.../
  바람이 한곳으로 몰려다니는/
  어둠이 어둠을 포개는 깊숙한 골목 술집//
  구두 폭탄주 몇 잔에 흡족한/
  핫바지 아닌 잘난 바지들은/ 그렇게 천지를 흔들어 놓고도/
  오늘날 너희들의 위대하다는 분이/
  부처님과 동급이라 부르고 싶은/
  존귀한 선사 아닌 법사 혹은 무당이었더냐//.../
  제발 이러고도 다들 맨 정신으로 사는 것도 이상한 일이다//

            - 「바지, 핫바지」 일부

 이 작품은 '잘난 바지'와 '핫바지'를 대비한 신랄한 세태 풍자시이다. 핫바지는 바지에 솜을 넣어 지은 바지인데, 시골 사람 또는 무식하고 어리석은 사람, "바보, 숙맥, 촌놈"이라 얕잡아 부르는 비칭이다.

 낮게 더 낮게 엎드려 사는 사람들 얼굴에 곤봉을 휘두르고 최루

평설

액을 쏟아부으며 대검으로 임산부의 가슴을 윽박지르고 탄창에 탄알을 장착하여 영문 모르는 시민들을 표적 삼아 방아쇠를 당긴 후 자기네끼리 광란의 축제를 열고 춤을 추었지//

- 「그해 5월의 장미」 둘째 연

이 시는 신군부에 의해 자행된 1980년 5.18 광주 학살의 현장을 리얼하게 진술하고 있다. '장미'로 상징되는 학살 현장의 단편이다.

이밖에 세태풍자와 아이러니를 주조로 하는 작품은 「늪」 「기레기 운명하다」 「영웅 만들기」 「어떤 변천사」 「반야」 「신태양의 몰락」 등이다.

3. 향토적 서정의 사물시

김정호 시인의 작품들에 나타나는 본바탕은 향토적 서정이다. 전라도 농촌 태생이라는 전기적 배경이 낳은 필연적 색깔이다. 현대시라는 너울을 쓰고 국적 불명의 난해한 시가 판치는 요즘에 귀한 시들이다. 러시아 형식주의자 쉬클로프스키의 소위 '낯설게 하기'류의 현대적 난해시와는 차별화 된다.

시인은 이제는 추억이 되어버린 고향 농촌 풍정을 애정 어린 시선으로 되살려내고 있다. 이야기식 말하기로 전개하다 보니 그림보다는 진술 위주이지만 쉽게 이해되고 감동을 주는 작품들이다. 막연한 향수로 무작정 그립다는 식의 '관념시'가 아니라, 시의 배경으로 구체적인 지명과 인명, 스토리, 개관적 상관물을 제시함으로써 '사물시'가 되고 있다.

평 설

어릴 적 우리 할머니/ "워이~워이" 중얼거리며 뜨거운 개숫물을 장독대 주위에 버릴 때마다 마침내 우리 할머니가 노망났다고 생각했다// 어른이 되고 나서야 할머니가 그렇게 소리 내며 물을 버린 이유는/ 뜨거운 개숫물에 겨울잠 자는 벌레들이 데일 수 있으니 빨리 피하라는 ...(중략)... 지상에서 가장 경건한 생명 존중의식이었다//

- 「할머니의 경전」 일부

이 시는 어릴 적 개숫물 버리던 할머니의 '워이워이' 소리를 어른이 되어서야 지상에서 가장 귀한 생명 존중의 '경전'이라고 깨닫는다. 이야기식 향토적 서정시의 하나이다.

다음 시 「잉(통화)」은 구수하고 정 깊은 전라도 사투리로 막내와 통화하는 고향 어머니의 육성을 그대로 담은 사투리 시이다. '잉'은 전라도 사투리의 특유한 말끝 억양인데, 전라도의 인심과 자식 사랑의 모성애와 향토적 서정이 물씬 묻어나는 수작이다. 설명이 오히려 사족이므로 전문을 인용한다.

시방 해가 중천인디 벌써 도착했다냐/ 와~따 요새는 신작로가 참말로 좋아졌는갑다 잉/ 고생 했다 인자 푹 쉬어라/ 그리고 어메 걱정은 허덜 말어 부러/ 느그 큰 성이나 큰 형수가/ 하루 이틀 속 썩이는 것도 아니고/ 아무리 그래도 지그들도 사람인디/ 느그 어메 볶아 죽이야 허것냐/ 긍께 여기 일은 싹 잊어 불고/ 느그들이나 잘 살아라 잉/ 그리고 참깨 담은 꺼먼 봉다리 안에 봉투하나 있어야/ 거기 깨 판 돈 쪼끔 넣어 두었다/ 꼭 이십만 원 채워 줄라고 했는디/ (그것도 느그 큰 형수 알면 경을 칠 일이다만) 요새 워낙 깨 값이 없어 거기서 몇만 원 빠진다/ 이번에 우리 진이 대학 들어 간담서/ 할매가 돼서 아무것도 못 해줘 짠해서 어쩐다냐/ 그것으로 책이라도 몇 권 사주라 잉/ 그리고 너도 굶지 말고 회사 잘 댕겨라/ 밥은 삼시 세끼 꼭꼭 챙겨 먹고/ (너는) 막둥이라 째깐 했을

평설

때부터 워낙 부실해서/ 뭐시던지 알아서 잘 챙겨 묵어야 써야/ 요새는 나도 영판 정신이 오락가락 해분다/ 꿈에 느그 아부지도 자주 보이고/ 귀도 잘 안 들링께 일부러 전화 안 해도 되야/ 혹여 나 없어도 니그들 끼리라도 재미있게 살아라/ 나는 째끔도 걱정허들 말어/ 인제 전화비 많이 나온께 그만 끊자 잉//

- 「잉(통화)」 전문

다음 시 「용두리 이모」 역시 추억 속의 고향 풍물과 지명을 배경으로 6.25때 두 동생을 잃고 간난신고를 겪은 이모님과 외삼촌 합동제삿날 어머님을 따라나선 화자의 체험을 향토적인 서정으로 묘사하고 있다. 할머니, 어머니, 이모, 외삼촌으로 이어지는 인연의 고리와 농촌 아녀자들의 인정과 풍속을 시화하고 있다. 이야기꾼으로써 시인의 특장을 보여주는 이채로운 작품들이다.

...(전략)... 외삼촌 합동 제삿날/ 어머니는 방앗간에서 내린 떡을 이고/ 나는 간밤에 내린 이슬 한다발 묶어/ .../ 하현달 뜰 무렵 도착한 이모네 집/ 물가 파아란 눈을 가진 아이 잉태한 앵두나무/ 풍경화를 그렸다 수묵화로 허물어진다// 6.25 전쟁 이듬해/ 두 외삼촌을 한꺼번에 잃어버린 이모/
그날만큼은 수선화를 닮은 이모가 흘린 눈물/ 안개꽃처럼 뿌옇게 채색되어/ 예성강 푸른 물결로 흐르다 멈추어/ 베틀 바위 아래 맴돌고 있다//

- 「용두리 이모」 일부

다음 시 「다시 간극」은 산방터 밭 가운데에서 알을 품는 곤줄바기와 풀을 베려는 예초기와의 긴박한 대치 상태를 투우사와 성난 황소로 비유하고 있다. 김시인의 관심 영역이 주변 사물과 자연에로 확장된 증거이다. 바야흐로 봄이 일촉즉발 위태롭다.

> 평설

산방山房 터의 밭 한가운데/ 제멋대로 자리 잡은 물푸레나무/
예초기를 들이대는데/곤줄박이 한 마리 알을 품고 있다/
천둥소리 입에 단 예초기/ 시퍼런 이빨을 드러내며 다가서자/
어미 새 두 눈 부릅뜨고/ 햇살 품은 날개를 푸드덕거리며/
날카로운 칼날을 막아선다//…/ 어미 새와 예초기 사이/
최후 결전을 앞둔/ 론다 투우장 투우사와 성난 황소처럼/
아직 대치 중이다/ 봄이 위태롭다//

- 「다시 간극」 일부

이런 유형의 시들은 「매미」 「실어증」 「회화나무 아래」 「배롱나무 즈음」 「나를 슬프게 하는 것들」 「버슴새」 등이다.

4. 마무리 글

이상에서 김정호 시인의 제10시집 「칼잡이의 전설」 64편을 필자 나름대로 살펴보았다. 김시인의 시적 본바탕은 서정성이며, 시상 전개와 응축, 시어 선택과 표현이 능숙함을 확인할 수 있었다. 특히 이번 시집은 다양한 논의가 가능하나 필자 나름대로 "세태풍자와 아이러니", "향토적 서정과 사물시" 두 가지 측면에서 고찰하였다. 영광스러운 샘문 한용운문학상 대상 수상을 계기로 김정호 시인의 시적 역량과 문단 활동이 더욱 진경있기를 축원한다.

한용운문학상 대상 수상 기념

칼잡이의 전설

김정호 제10시집

시인의 말_여는 글 ·· 4
평설
세태풍자와 아이러니, 향토적 서정의 사물시 ··· 손해일 ··· 5

제1부 백수 일기

할머니의 경전經典 ·· 18
미로 찾기 ·· 19
칼잡이의 전설 ·· 20
다시 간극 ·· 22
평산 마을 가는 길 ·· 23
소박한 꿈 ·· 24
방역 패스 ·· 25
매미 ·· 26
목어 ·· 27
회화나무 아래 ·· 28
공황장애 ·· 29
늪 ··· 30
백수 일기 ·· 31
용두리 이모 ··· 32
잉 ··· 34
거룩한 의식 ··· 36

13

제2부 실어증

지역주의 ·················· 38
스토킹 ····················· 39
바지, 핫바지 ············ 40
장마 ························· 42
꿈 ···························· 43
배롱나무 즈음 ········· 44
자작나무 숲 ············· 45
가덕도에서 ··············· 46
부산 신항 ················· 47
나를 슬프게 하는 것들 ············ 48
그해 5월의 장미 ······ 49
실어증 ····················· 50
다시 백수 일기 ········ 51
화산 짐꾼 ················ 52
가을 산의 반란 ········ 53
기레기 운명하다 ······ 54

제3부 내 사랑으로 채워 줄게

영원한 내 사랑 ································ 56
만개의 가시를 품은 ···························· 57
지금 행복하냐고 ······························· 58
빛나는 별을 달고 ······························ 59
내 사랑으로 채워 줄게 ························ 60
고향이 어디냐고 ······························· 61
이건 비밀인데 ································· 62
가던 길 잠시 멈추고 ·························· 63
수줍은 세월 ··································· 64
아이 입술 닮은 ································ 65
달빛 아래 핀 ·································· 66
눈부신 햇살로 오세요 ························· 67
미석체를 아시나 ······························· 68
우리 우정 끝까지 ······························ 69
내 진실한 마음 ································ 70
기린의 목을 닮았다고요 ······················· 71

제4부 두동 가는 길

십 더하기 하나	74
이별을 대하는 태도	76
막사발	78
두동 가는 길	79
어떤 변천사	80
그들이 사는 방식	82
신태양의 몰락	83
신神의 손	84
다시 코스프레	86
버슴새	88
초승달	89
괜찮다! 괜찮아!	90
업보業報	93
상강霜降	94
반야般若	95
바람 자리	96

제1부
백수 일기

할머니의 경전經典

어릴 적 우리 할머니
"워이~워이" 중얼거리며 뜨거운 개숫물을 장독대 주위에 버릴 때마다 마침내 우리 할매가 노망났다고 생각했다

어른이 되고 나서야 할머니가 그렇게 소리 내며 물을 버린 이유는 뜨거운 개숫물에 겨울잠 자는 벌레들이 데일 수 있으니 빨리 피하라는 할머니의 말과 버려진 물의 속력 그리고 중력에 비례한 벌레들이 피하는 속도와 방향까지 계산한 지상에서 가장 경건한 생명 존중 의식이었다.

지금도 할머니를 생각할 때마다
경전經典처럼 필사되어
귓등을 스쳐 들리는
그 소리

"워이~워이"

미로 찾기

되돌아오는 길을 알지 못한다
조금이라도 방심하거나
예측한 가능한 짐작만으로
사막의 모서리조차 찾을 수 없었다
그런데도 건너편 작은 아이
두 손에 아이스크림을 받쳐 들고
물 폭탄을 요리조리 잘도 피하며
목적지에 파란 깃대를 세워 놓고
깔깔거리며 제자리로 걸어 나온다
한 번도 경험하지 못한
정해진 길에만 익숙한 지난날
얼마나 돌고 돌아야
지나온 모든 길을 지우고
지금 이 자리에 설 수 있을까
이곳이 내 땅이다
지금까지 내가 걸어온 길이다
당당하게 소리칠 수 있을까

칼잡이의 전설

1.
네 애비는 40년 칼잡이였다
그 누구도 그 마음을 바꾸지 못했다
날마다 반 토막 난 꿈을 꾸지만
진실과 정의는 유폐 당한 지 오래
자유를 보장받지 못한 노예가 되기 싫었다
이제, 파도처럼 들리는 울음소리에
더는 정을 주지 않아도 된다
그 울음에 꽂히면 찌르면 찌를수록
내가 찌른 칼에 스스로 무너지는 법
거문고 줄처럼 팽팽해진 날의 비명으로
마음을 다스리곤 했다

2.
쓰러져도 묻을 수 없는 열병 난 돼지들
혈흔 한 점 없이 해체하기로 했다
터진 내장은 도수 높은 소주에 절이고
살과 뼈는 앞뒤로 뒤집어 분리하고
마구리는 맑은 물에 푹 삶아
등심 사태 삼겹살 채끝으로 열네 등분
다시 홍두깨살과 토시살 오돌 갈비를

칼끝으로 헤집어 광장에 매달아 두면
죽은 낮달 돌아와 포식하겠지

3.
싱크홀에 빠진 태양
더는 되새김질할 수 없어도
뚜껑을 덮는 것은 죄악이다

열려 있는 허공이 창백하다

다시 간극

산방山房 터의 밭 한가운데
제멋대로 자리 잡은 물푸레나무
예초기를 들이대는데
곤줄박이 한 마리 알을 품고 있다
천둥소리 입에 단 예초기
시퍼런 이빨을 드러내며 다가서자
어미 새 두 눈 부릅뜨고
햇살 품은 날개를 푸드덕 거리며
날카로운 칼날을 막아선다

지리산 천왕봉 너울너울 황혼이 내려
어둠 속에 묻히기 시작하고
죽었던 낮달 선잠에서 깨어나는데
어미 새와 예초기 사이
최후 결전을 앞둔
론다 투우장 투우사와 성난 황소처럼
아직 대치 중이다
봄이 위태롭다

평산 마을 가는 길

현기증 이는 8월 토요일 하오
둔탁한 4분음표 날리는 햇살 앞세워
도예가 신 선생 만나러 가는 길
달님이 머물러 있는 곳을 지나는데
확성기를 손에 든 몇몇 사내들
최소한의 예의도 격식도 없이
입에 담지 못할 모국어 남발한다
하긴 저들에게는 얼굴 없는 이 시대 문명처럼
교묘하고 험한 말들만 남아 있을 뿐
마등*이나 자등**조차 없는 것인지 그렇지 않고서는
구겨진 세종대왕 초상화 몇 개 입에 물고
참아낼 수 없는 스피커 소리에
어리석음과 무지며 열정은 물론
부끄러운 영혼까지 담아 거품 물지 않을 텐데
때마침 현장을 지나는 수캐 한 마리
축 늘어진 불알 한쪽 끌며 지난다

*   마등 : '마누라를 등쳐먹고 사는 남편'을 의미하는 신조어
** 자등 : '자식을 등쳐먹고 사는 부모'를 의미하는 신조어

소박한 꿈

신神이 만약
나에게 이 세상을
떠나는 날을 정하라고 한다면
내일 떠나도 조금도 이상하지 않을 망구望九* 된
그해 십일월 두 번째 주 목요일로 하겠다
내 어머니 떠난 날처럼
히어리 나무 어서 오라 조잘거리고
지리산 허리에 진陣을 펼친 운무雲霧
하늘로 통하는 다리를 놓으면
당단풍 이파리 한 장만큼
가벼운 생 다 내려놓고
돌아도 돌아도 그 자리인 산방 아래
바람의 발등에 쉼표를 찍고
어둠 한 채 펴고 누워

그만 오래 잠들 수 있겠다

* 망구望九 : 81세

방역 패스

휴대전화를 두고 간 식당 입구
한 걸음도 들어서지 못하고
출입국장 앞 테러리스트 혐의자처럼
방역 막과 유리 벽 사이 포로가 되었다
마스크로 봉인한 침묵의 시간
때를 놓친 뱃속은 전갈 꼬리 사납게 쳐들고
들고양이처럼 앙칼지게 날 선 발톱 세운다
지갑 속 잠든 신분증을 흔들어보아도
바코드가 지워진 음모를 밀고하지 않으면
한 발자국도 식당 안으로 들어올 수 없다는
신문명 시대의 새로운 권력의 탄생
그래, 그까짓 가슴 한쪽에 들어찬 허기쯤
한 번쯤 절박한 결탁을 한다고 한들
무기력해진 세상 더는 무너지지 않을 텐데
이제 더는 적당히 타협조차 못 하고
허기진 배 내려놓고 식당 문을 돌아 나오자
두루마리구름으로 포위된 하늘

매미

태양이 허물 벗은 초여름
한낮도 점차 지칠 즈음
조심하여라
허공에 실핏줄 터지듯
소리가 귀청을 뚫는다
아무도 그 입을 봉인하지 못한다
그 소리, 소리는
칠 년을 어둠 속에 보내다
단 칠 일을 살다 갈
운명을 한탄한
한 맺힌 울음일지도
아니 끝끝내 아픈 가슴
있는 대로 내 던진
목숨 건
치명적인 사랑의
절규인지도

목어
– 배상희 화가의 대상작 「인연」에 대한 斷想 –

1.
낯선 사람도 하루쯤 쉬어가는
지나는 구름 불러 처마를 받힌 산사山寺
모두가 떠나고 말았구나
그런데도 너는 여전히
안타까운 사연 고하지 못한 채
만남과 이별의 모호한 경계에서
어긋난 인연의 굴레 벗어나지 못해
바람에 이끌려 홀로 춤을 추고 있다
그래, 흔들려야만 번뇌를 잠재울 수 있다면
제대로 한 번 흔들려 보아야지

2.
너는 나에게 한없이 멀어져 갔지만
질긴 인연 끊어 내지 못해
기어이 더는 멀리 가지 못한다
그래 얼마나 흔들리고 흔들려야
찰나의 시린 가슴팍 이곳에 부려놓고
오랫동안 수척한 잠 누울 수 있을까
네 어미 그 어미의 흔적을 찾아
더는 소리 내어 울지 않아도 될
아득한 수평선 저 너머 그곳에서
우리 다시 만날 수 있을까

회화나무 아래

매미도 울음 삼킨 늦더위
회화나무 아래에서는 아무도 사랑하지 마라
울컥 참았던 비라도 내리면
길 건너 어두운 숲속 유령이 번뜩이며
하얀 무덤이 생긴다는 전설 여전하더라

회화나무 아래에서는 이별을 말하지 마라
떨어진 꽃잎은 쏟아지는 족족
여인들의 입술을 훔쳐내고
사랑은 연기처럼 사라지고 만다는
속설 아직 그대로더라

회화나무 아래에서는 아무도 노래하지 마라
마치 빚쟁이라도 된 것처럼
우리 가슴앓이 돌고 돌아도 맨날 그 자리
수십 갈래 꽁꽁 묶인 마음 풀릴 때 즈음
젊은 날 그리던 풍경 소리
들을 수 있다더라

공황장애

며칠째 공중 부양하는 걸음걸이
어깨 하나 기댈 누구 없다
한가락 생 바람만 가슴에 멍울처럼 헛돌고
이럴 때만 성스러운 듯
핑크풍을 배경으로 한 병원 대기실에 기대어
의사 이름이 박제된 명패를 바라보며
내 이름 불려 지길 고대하고 있다
한 시진하고 또 그 반이 지났을까
의사는 선심을 쓰듯 딱 팔십구 초를 할애하여
몇 마디 묻는 시늉을 하고는
무선 마우스를 목구멍 안에 끌어다 놓고
처방전도 내어 주지 않고
합법적 유사 연애*라 진단했지만
그 어떤 위안도 받을 수 없다
위로를 받을 수 없는 것도
병이 되고 또 이명으로 들려
꿈속에서조차 도무지 시를 쓸 수 없어
비틀거리며 찾아간 선술집
주인 잃은 지문만 수북이 쌓여 있다

* 연애 : 이성에 대해 욕구를 뛰어넘어 상대를 덕질 혹은 연예인化

늪
- 주식 -

달콤한 유혹에 빠지지 말아야 했어
미니스커트 아래 중심선과 해칭선 사이
심장을 묻지 말아야 했어
그곳은 지구상에서 가장 위험한 금지 구역
지금까지 지켜온 냉철한 자유마저
송두리째 무너지고 파괴되고 말았어
결코, 벗어날 수 없는 순간의 일탈이었어
아니 평생 돼지 세겹살을 안주 삼아
도수 높은 소주로 허기를 달랜 세월
딱 한 번의 롤러코스터는 치명적이었어
차라리 성버지*를 둔 여성과
21년산 로열 살루트나 실컷 뿜어대며
신사임당을 허공에 뿌려놓고 마카레나 출걸
늪과 언덕 사이, 펄과 바다 사이
붉게 타오른 가슴과 파랗게 질린 가슴
욕망을 불러다 길들여 놓은 곳에
서럽게 지켜온 동정마저 잃고 말았어

* 성버지 : 성형을 자주 하여 성형외과 의사를 아버지라 부른
다는 속어

백수 일기

베란다 창문을 서성이는 달빛
어둠 속을 배회하다
야윈 얼굴로 사라지자
햇살이 점령군처럼 밀려온다
어젯밤 소주 한 병 하고 또 반병과
먹다 남은 라면 사리가
지렁이처럼 꿈틀거리며 바닥을 쓸고 있다
TV 화면 속에서는 이른 아침부터
예고도 없는 벌거벗은 남녀의 거친 숨소리
틈이 벌어진 화장실 문을 탐문 한다
그러고 보니
'가슴 뛴 사랑을 해 본 적이 언제였던가'?

때마침 울리는 손전화
(혹시)
등에 엉겨 붙은 거실 바닥을 떨치고 일어서자

휘청거리는 몸뚱어리

용두리 이모

1.
유년의 푸른 언덕
햇살 틈 키 재기 하는 삐비꽃
몸살 나 천지를 덮고도 남은 5월
외삼촌 합동 제삿날
어머니는 방앗간에서 내린 떡을 이고
나는 간밤에 내린 이슬 한 다발 묶어
피죽바람 불러 양떼구름 타고
푸서리길 쓸며, 논틀길 건너고 오뜰을 가로질러
충성강 돌다리 폴짝폴짝 뛰어
하현달 뜰 무렵 도착한 이모네 집
우물가 파아란 눈을 가진 아이를 잉태한 앵두나무
풍경화를 그렸다 수묵화로 허물어진다

2.
6.25 전쟁 이듬해
두 외삼촌을 한꺼번에 잃어버린 이모
그날만큼은 수선화를 닮은 이모가 흘린 눈물
안개꽃처럼 뿌옇게 채색되어
예성강 푸른 물결로 흐르다 멈추어
베틀 바위 아래 맴돌고 있다

3.
이모도 어머니도
눈물 말라도 꺼낼 수 없는
꿈도 편안한 그곳으로 떠난 후
예성산 달빛 아래 자리한
용머리를 지나오는데
이모님 온기는 간곳없고
삐비꽃만 하얗게 쇠어져

밤하늘에 별 되어 반짝거린다

잉
- 통화 -

시방 해가 중천인디 벌써 도착했다냐
와~따 요새는 신작로가 참말로 좋아졌는갑다 잉
고생했다 인자 푹 쉬어라
그리고 어매 걱정은 허덜 말어 부러
느그 큰 성이나 큰 형수가
하루 이틀 속 썩이는 것도 아니고
아무리 그래도 지그들도 사람인디
느그 어메 볶아 죽이기야 허것냐
긍께 여기 일은 싹 잊어 불고
느그들이나 잘 살아라 잉
그라고 참깨 담은 꺼먼 봉다리 안에 봉투하나 있어야
거기 깨 판 돈 째끔 넣어 두었다
꼭 이십만 원 채워 줄라고 했는디
(그것도 느그 큰 형수 알면 경을 칠 일이다만)
요새 워낙 깨 값이 없어 거기서 몇만 원 빠진다
이번에 우리 진이 대학 들어 간담서
할매가 돼서 아무것도 못해 줘 짠해서 어떤다냐
그것으로 책이라도 몇 권 사주라 잉
그리고 너도 굶지 말고 회사 잘 댕겨라
밥은 삼시 세끼 꼭꼭 챙겨 먹고
(너는) 막둥이라 째깐 했을때부터 워낙 부실해서

뭐시던지 알아서 잘 챙겨 묵어야 써야
요새는 나도 영판 정신이 오락가락 해분다
꿈에 느그 아부지도 자주 보이고
귀도 잘 안 들링께 일부러 전화 안 해도 되야
혹여 나 없어도 니그들 끼리라도 재미있게 잘아라
나는 째끔도 걱정허들 말어
인제 전화비 많이 나온께 그만 끊자 잉

거룩한 의식

고물상 파쇄기 앞 찌그러진 자전거
성수聖水로 깨끗이 목욕 후
엄숙한 표정으로 차례를 기다린다
한쪽에서는 재활용할 수 없다는
꼬리표를 단 하얀 생의 흔적들
청색 테이프로 꽁꽁 묶여 있다
깨진 거울 뒤로 비친 지나온 삶
흑백 추억 속에 갇혀 점점 희미해지고
옛 주인의 쭈글쭈글한 얼룩진 주름
내비게이션 길처럼 선명하다
이제 더는 속도나 화려함은 필요 없다
스스로 속박하는 허명도 부려놓고
죽음의 눈금을 기록해야 한다
마지막으로 무게를 재는 의식
그 무게는 이생에서 기억할 마지막, 네 이름표
그 이름이 문서에 적히는 순간
눈을 질끈 감았다 뜨면
또 다른 눈부신 생

제 2 부
실어증

지역주의

때만 되면 출몰하는

심해深海의 괴물

다음은

당신이 제물이 될지도 모르니

다들

조심들 하라고

스토킹

사랑이라는 이름으로

덧칠하고

남의 삶을

송두리째 태워버린

방화범 같은 놈이로군

바지, 핫바지

1.
바지여 바지
그것도 그냥 바지가 아닌 핫바지라고
뜨거운 가슴 꽁꽁 싸매놓고
지문조차 남길 수 없어
붉은 립스틱을 덧칠한 주둥이 끌어다
강요된 책임이 각인된 막도장을 찍으며
하얀 순수를 따라 웃으라면
이 세상 깨끗한 마음 고스란히 담아
가장 행복한 척 미소를 짓고
더는 잡히지 않는 그리움 꺼내
별이 내리는 창가에서 사랑하고 싶었다네

2.
바람이 한곳으로 몰려다니는
어둠이 어둠을 포개는 깊숙한 골목 술집
구두 폭탄주 몇 잔에 흡족한
핫바지 아닌 잘난 바지들은
그렇게 천지를 흔들어 놓고도
오늘날 너희들의 위대하다는 분이
부처님이나 하느님과 동급이라 부르고 싶은

존귀한 선사 아닌 법사 혹은 무당이었더냐
아니면 그보다 세상을 마음대로 바꿀 수 있다는
칼춤을 추는 이들이었더냐

제기랄 이러고도 다들 맨정신으로
사는 것도 이상한 일이다

3.
그러나
나는 결코 모르는 일이다

장마

늦잠에서 설핏 깨어난 햇살
며칠째 숙소 창문을 기웃 거리다
목덜미 잡혀 어디로 끌려갔는지
한참 보이지 않더니

잠시 후
어김없이 다시 찾아와
유리창을 똑~똑
그러자 남아 있던 바람 한 점
만류할 사이도 없이
애먼 그리움 잔뜩 퍼질러놓고
안방 깊숙한 곳
빗쟁이처럼 똬리를 틀고 앉아 있다
그런데 어쩌나
지금 당장 너에게
내어 줄 수 있는 것이라고는

곰팡이 핀 빨랫감뿐

꿈

산방山房을 휘어 감은 계곡
하현달이 빠져 허우적거리자
모정茅亭에 기대 있던 그녀가
부끄러움도 없이 품속으로 달려든다
단내난 분홍 앙가슴 달빛에 젖는다
점점 허기진 들숨과 날숨
자유롭게 유영하는 혀와 혓바닥 사이
비밀의 궁전이 들어서자
대화는 다시금 궁색해지고
서로의 말을 감춘 침묵 속
(차라리 시간이 이대로 멈추었으면)
제멋대로 풀린 꽁지머리
계곡에 빠진 달을 끌어다 품는다
그녀의 머리를 받친 오른팔 파르르 경련이 일며
중력을 벗어나 저만큼 멀리 달아난다
이대로 세상이 무너졌으면 좋겠다고 생각하는 순간

꿈이었다

배롱나무 즈음

고향 가는 주암호 입구
배롱나무 흐드러지게 피었습니다
꼭 이십사 년 전 이맘쯤 아버지
고향 집 신작로에서
배롱나무 꽃잎처럼 붉은 피 토하며
삼베 내음 적신 껍질 벗어 놓고
먼 길 떠났습니다
그날 이후 나 백일 동안 숨이 막히도록
울컥울컥 차오르는 꽃 멀미로
배롱나무조차 쳐다보지 못했습니다
세월 지나 오늘
누가 너를 이리로 다시 불렀기에
그날처럼 일제히 두 줄로 서서
붉은 노을처럼 물들며
간지럼 타듯 웃고 있습니다
나도 조각난 지난 세월 불러다
꿈결인 듯 따라 웃자
신작로가 환해졌습니다

자작나무 숲

나무는 햇살을 품고
또 다른 나무는 서투른 독백을 뱉으며
지나는 바람을 붙들어
안개구름 지어내자
자작나무들 일제히 외발로 서서
자작자작 폭죽을 터뜨리며
결혼 행진곡을 연주한다

그 사이
다시 출렁거리는 하얀 물결
그 물결 속을 유영하는
갈치 떼의 지느러미
흐느적거릴 때마다
귓가 환청으로 들려오는 뱃노래 소리
천상으로 가는 길

바로 여기로구나

가덕도에서

긴긴 여름밤 오랜 갈증 풀어
푸른 물살 등에 업고 가다
더 흐리지 못하고 헤맬 때
입술 다문 저 수평선을
지독히 그리워 했을 게다
해안선 이 끝에서 저 끝까지
밀리고 밀리면서도
아프다 소리칠 수 없어
뒤돌아보지 않고
거가대교 아래로 달려가
수척한 잠 눕고 싶었을 게다
아린 심장 속 외로움 저며 들 때
뼈 시린 어깨 맞대고
속속들이 유린당한 응어리
다 토해내고 싶었을 게다
아니, 한바탕 뜨거운 사랑

나누고 싶었을 게다

부산 신항

몸도 마음도 바쁜
웃음기마저 사라진 5월
푸른 내음 달고 달린
북항 신항 입구
누가 헤픈 웃음 걸쳐 놓았는지
옷고름 풀어 헤치고
치맛자락 펄럭이며
질펀한 춤사위가 펼쳐진다
그 위를 비행하는
왜가리 한 마리
바다에 빠진 낮달
건져 올리려다
때마침 들려오는
뱃고동 소리에 놀라

발을 헛디뎌 허우적거린다

나를 슬프게 하는 것들

힘겹게 꽃대를 올리려다 꽃샘추위에 덩이째 뚝뚝 떨어지는 자목련
일요일 오후 숙소로 돌아가려는데 꼬리를 접고 눈물 그렁그렁한 모습으로 쳐다보는 반려견 코코
코로나 19로 격리된 요양병원 창문에 기대어 오지 않는 자식을 기다리며 쏟아지는 햇살을 등으로 받아내는 노인
영양실조에 걸려 카메라를 뚫어지게 바라보는 아프리카 아이들의 눈망울
탈출 길이 막히자 철조망 너머로 아이를 던지며 "내 아이만이라도 살라 달라" 절규하는 아프간 난민 엄마들 모습이 나를 슬프게 한다

그중 나를 더 슬프게 한 것은 작은 땅덩어리에서 권력과 지역주의에 기승한 편 가르기, 패거리 문화에 고무되어 아무 거리낌 없이 끔찍한 말을 내뱉는 사람을 볼 때다 아니 이보다 더 나를 더 슬프게 하는 것은 이런 사정을 알면서도 건전해야 할 공조직에서조차 앵무새처럼 똑같은 말을 배설하는 사람들과 매몰된 신자본주의에 길들여 숨 쉬는 것 빼고는 다 거짓과 위선으로 발정 난 수캐처럼 돈 냄새만 찾아 어슬렁거리는 하류인下流人을 보고도 아무런 말도 못 하는 나를 볼 때

그해 5월의 장미

권력은 침묵을 강요하며 달아나면서도 항상 민중 위에 군림했어 그러다가 한 방향으로 동질성을 유지하려 신神이나 영웅들을 소환하곤 했지 정교한 각본에 의해 광대들을 무대에 세워 놓고 거짓 웃음으로 유혹하곤 했어 그것도 안 되면 군대를 앞세워 목소리 큰 사람부터 끌어내려 주리를 틀었지

낮게 더 낮게 엎드려 사는 사람들 얼굴에 곤봉을 휘두르고 최루액을 쏟아부으며 대검으로 임산부의 가슴을 윽박지르고 탄창에 탄알을 장착하여 영문 모르는 시민들을 표적 삼아 방아쇠를 당긴 후 자기네끼리 광란의 축제를 열고 춤을 추었지

그러나 세상에 영원한 것은 없어 태양이 바다에 빠져 허우적거리자 이곳저곳에서 가시를 품은 장미들이 들불처럼 피어나 얼음 숲이 되어 버린 민중들의 심장을 찌르기 시작했어 그런 어느 날이었어 비로소 어두운 하늘이 열렸지
민중의 뜨거운 피와 눈물로 이루어낸 지금 우리가 사는 세상은 그날에 핀 장밋빛 덕분이라고,

그럼, 그해 5월의 장미는 정말 태양처럼 찬란했어, 암만

실어증

아버지 더는 들판에 나가지 못했다
수백 년 된 당산나무 아래
졸음을 부르는 동네 사람들 손짓에도
가을을 재촉하는 매미 울음소리도
뒷산 앙칼진 시누대에 묶여 있다
대대로 가문을 지켜 오던 돌산
마지못해 피천에 넘긴 후
목구멍으로 물 한 모금 넘기지 못한 채
몇 날 며칠을 끙끙 앓다
메마른 가슴 부둥켜안고
노을 속으로 뛰어들어
운주사 와불臥佛이 되었다
그러자 갱변밭 앞을 흐르는 시냇물
대침 베고 누워 졸다 허둥대고
풀포기에 깔려 신음하는 풀벌레조차
아직
실어증을 앓고 있다

다시 백수 일기

40년 다니던 직장을 퇴직하고
백수가 된 지 한 달하고 보름째
기다리는 봄소식은 한없이 더디고
반려견만 콧구멍에 바람을 넣어 달라
날마다 보챈다

언제부터인가
출근길 아내의 머리 뒤에 달린 눈
따뜻한 온기 점점 희미해지자
짧은 내력의 살림살이
눈치로 배우다 싫증이 나
배낭을 둘러매고
백석이 걸었던 '쓸쓸한 길'을 찾아 나선다

그림자를 뒤쫓아 온 날 선 북풍
제법

매섭다

화산 짐꾼

하늘을 여는 벼랑 끝
뼛속까지 스며든 숨 몰아쉬며
허기진 가족을 위해
날마다 목숨을 담보로
갈비뼈를 꺼내 계단을 쌓고
정강이뼈를 깎아 지팡이 삼아
노래 흥얼거리며 산 오른다

어깨 위에는 화산보다 높은
또 다른 산을 올려놓고
새소리, 바람 소리 가슴에 재워
빛바랜 사진첩을 매만지며
아스라한 바위를 탄다

오늘은 과거를 지우기로 했다
내일은 태산보다 높은 희망을 품고
태양의 자손을 꿈꾼다

가을 산의 반란

목소리 큰 사람만 남아
귀 시끄러운 세상 뒤로하고
입안에 맴도는 이름 하나 등에 업고
산에 올랐다
지금부터는 내가 주문한 시간
거부하면 거부할수록
더 깊어진 주름진 세월 풀어
산 아래 산수화 한 점 펼쳐 들었다
여름 지나 가을 초입
천둥이 지치도록 찾아와
장송곡을 불러도
미동조차 없이
청청靑靑한 기운으로 버틴 굴참나무들
언제부터인가
산골짜기에서부터 차오르는 그리움
온 산에 내질러 놓고
오색五色 불꽃으로
타오르고 있다

기레기 운명하다

달빛 그림자까지 휩쓸고 간 도심
시간을 놓쳐 버린 초침
숨이 가쁜 퇴근 시간을 재촉한다
고층 빌딩 위 화면 속 배경에는
받아쓰기한 관제 뉴스만 윙윙거리고
도로 위는 활자 없는 신문이 널브러져 있다
두 눈 부릅뜨고 심장을 꺼내야 쓸 수 있는
한 줄의 뉴스거리도 만들지 못해
자판을 저당 잡혀 술판을 연 지 오래
꽁꽁 언 겨울 강가
얼음 위를 스치는 바람의 장례식이 공허하다
한때는 비린내 난 온몸으로
연신 쏟아지는 졸음 머리에 동여매고
살 떨리는 구호 외쳐가며
난투극도 마다하지 않았지만
심장은 차갑게 식고
관절은 점점 화석이 되어
부끄러움마저 잊은 채
향기마저 사라진 시든 꽃을 안고
달빛 스민 빌딩 아래로 몸 내 던진다

'무궁화 꽃이 피었습니다'

제3부
내 사랑으로 채워 줄게

영원한 내 사랑
- 안개꽃 -

흰 나비 떼야 나오너라

바람처럼 살다 간 아버지도
하루하루 햇살로 연명한 어머니도

은하수 되어 쪼르르 쏟아져
앞뜰을 불사르기 시작하면

안갯속
그리운 그림자

하나, 둘
반갑다 마중하며
나를 반기네

마주 잡은 두 손

다시는 놓지 말자고

만개의 가시를 품은
- 엉겅퀴 -

가끔 허리띠 풀고
흐트러진 모습도 보여야지

때로는 이리저리 흔들려 보아야지
쨍그랑 깨어지는 모습도 괜찮지

처절함이야 어쩔 수 없다지만

그렇지 않으면

만 개의 가시를 품은
살아온 내 삶이

너무 끈적거리지

지금 행복하냐고
- 은방울꽃 -

그만 꿈에서 깨어나요

비바람 멈추고
그대 머물렀던 자리
무지개가 활짝 피었어요
적막 같은 평화가 찾아왔어요

이제, 세상은
한동안
잠잠해질 모양입니다

영원히 그랬으면
좋으련만

아직 우리에게는
희망 사항이겠죠

빛나는 별을 달고
- 솜다리 -

조심조심 오세요

어둠 고여 다린
언덕지나
사뿐사뿐
까치걸음으로 오세요

혼자라도 상관없어요

떠돌이별이 되고 싶다고요
그림, 총총 빛나는
별을 달고 오세요

맨발로
마중 갈게요

내 사랑으로 채워 줄게
- 복수초 -

봄, 여름, 가을
좋은 계절 어디 두고
폭풍우를 피해 산으로 도망쳤다

잔설殘雪 위
파르르 떨며
실어증을 앓고 있는 그대

꽁꽁 언 마음

눈물로 녹여줄까?
가슴으로 안아 줄까?
아니,

내 사랑으로 채워줄게!

고향이 어디냐고
- 씀바귀꽃 -

혹시나 기대했는데
다들 '내가 태어난 곳이 어디냐고'만 묻고는
손 한번 잡아 주지 않네

뒤돌아서며
아무도
눈길조차 주지 않네

그래도 상관없어
나는 나대로
너는 너대로

잊힐까
두려움 없이

무심한 척 사는 것도
괜찮아

이건 비밀인데
- 나도바람꽃 -

길 위에
홀로 서 있으면
꼭 그리운 이
뒷모습을 닮아

질긴 어둠 부스며
어디선가 몰려드는
달빛 젖은 꽃향기

꿈속에서 그려본
그 길이런가?

나, 시방
이 길 위에서

영원히 잠들어도 좋으리

가던 길 잠시 멈추고
- 기생초 -

사랑도 미움도
떠난 자리

머리채 잡아
끌어내린 달빛
수시로 부서져 내리고

술 취한 호롱불
흐느적거리거든

그때는
가는 길 잠시 멈추고
미풍에도 귀 쫑긋 세워

한 번쯤
내 향기에
취해보시구려

수줍은 세월
- 분꽃 -

서로 진심을 알기도 전에
이별을 이야기하고만
우리 젊은 날
어설픈 사랑

꼭 삼십 년 만의
어색한 만남

이제는 색바랜 세월

난,
그때도 지금도
영락없는

겁쟁이였어

아이 입술 닮은
- 유채꽃 -

막 알에서 깨어난
병아리들처럼
옹기종기 모여
쫑알쫑알 무슨 할 말이
그리 많은지

활활 타오르기 시작한 아지랑이
작은 부리로 쪼아대자
갑자기 분주해진
땅속

어이,
그만 일어나시게

봄 마중이나 가자고들

달빛 아래 핀
- 범어귀 -

깊은 밤
까르륵까르륵

웃음소리에 놀라
나도 모르게
달빛을 따라가 보았더니

바위틈
대자로 누워
데굴데굴 웃고 있는

범의 귀 닮은
네 모습 보고

단번에
사랑에 빠지고 말았지

눈부신 햇살로 오세요
- 양지꽃 -

내 두 손을 잡아 주세요
혼자서는 똑바로 설 수 없어요

비록 화려한 삶은 아니지만
눈 부신 햇살로
그대에게 다가서고 싶어요
(아무리 찾아보아도
당신만 한 사람 없더군요)

그러니 이제 더는
날 외면하지 말고
우리 사랑
아직 유효하다면

이제, 그만
날 받아 주실래요

미석체를 아시나
- 붓들레아 -

한때 추사秋史와
동문수학하는 사이라 했던가

그런 어젯밤
푸른 하늘 벗어 던지고

눈물 젖은 손끝
아무에게도 보이기 싫다며
달무리 서성거릴 때

미석체로
無心天得무심천득
네 글자만 써 놓고

바람을 지고
떠나고 말았네

우리 우정 끝까지
- 과꽃 -

그런 슬픈 표정 짓지 마
그냥 툴툴 떨어내고
다시 일어서

아무리 힘들어도
그런 사랑 다시는 하지마

대신 내가
네, 곁을 지켜줄게
상처까지 안아 줄게

영원히
친구가 되어줄게

아니
그대 슬픔까지 사랑해

내 진실한 마음
- 으아리꽃 -

이크, 이를 어째

이름표도 달지 않고
입마개도 없이

너희끼리 손잡고
소풍 나오면
큰일 난다니까

그래도, 고놈들
참!

기특도 하지

기린의 목을 닮았다고요
- 기린초 -

누구를 그리 애타게 기다리시나?
슬픈 기린의 목을 닮았네요

향기를 풀어
보낸 기별
아직 받지 못했나요?

오지 않는 그대를
기다리다 지쳐

지나는 바람을 붙들고
하소연해 봅니다

혹여, 영영
못 오시는 것은 아니겠죠

제4부
두동 가는 길

십 더하기 하나

꿈속에서 난 오늘도 그대에게 편지를 쓰네

광기의 눈으로 바라본 세상
절망하고 또 절망했던 이십 대

휘파람 불며 다닌 삼십
거칠 것 없는 호기로 무장하고
떠나는 자만이 세상을 꿈꿀 수 있었네

새로운 빛을 찾아 나선 사십 대
뜻을 이루지 못하면 돌아오지 않으리
그런데 어쩌나 갈림길 속 또 갈림길
그래도 고개 숙이지 않으리

지천명知天命, 아무리 노력해도
세상 어디에도 정의는 없었네
광자의 눈을 빌려 부조리를 투시하며
잠시 분노는 내려놓고 여유로운 미소 속
비수를 품고 시를 쓰네

이순耳順, 상처를 숨기지 마라
얼굴도 돌리지 마라
아무리 쳐다보아도 다 보이지 않는 하늘
흔들리는 마음 그래도 현혹되지 않아
따듯한 시선으로 세상을 보되
절대 불의와는 타협하지는 않으리

이별을 대하는 태도

가장 순수한 마음의 다리를 놓아
너에게로 닿으려 했다

우리는 늘
시를 엮으며 살아온 날의 연속이었다
그해 여름
담장에 만발한 능소화를 핑계 삼아
이듬해 꽃잎 덩이째 필 즈음
다시 만날 날 것을 기약하고
기다림이란 늘 이렇듯
그리움에 굶주려가면서
힘겨운 겨울을 나기도 했다

그런 너는 그늘이 물렁거리고
담장 위 화려한 꽃대가
몇 번의 여름 하늘을 지배할 때까지
한 줄의 소식조차 없이
담장 너머로 화려한 외출을 했다는
소문만 무성하고

까맣게 잊어버린 약속을 위해
지난날들의 창백한 통증
그만, 이쯤에서 깨끗이
지워야겠다

막사발

천天 지地 인人의 요술일까
아니면 어느 이름 없는 도공
혼을 태운 각혈일까
누가 깊은 산속에
도깨비불을 지펴 놓았나
때마침 여명을 깨우는 종소리
지나는 달도 숨을 죽이며
터질듯한 심장을 움켜쥐고
길을 멈추고 바라보고 서 있다

한때 현대화의 화려한 문명에 버림받아
백토로 돌아갈 꿈도 꾸었지만
너는 대지의 자궁에서 태어난
지신地神의 후예

깨진 사금파리 조각으로
자식들의 등을 문지르며
허공이 붉게 물들길 기다렸다
이제 화려한 채색 다 벗어진 채
가장 순수한 무색으로
다시, 시작될
천 년 전설

두동 가는 길

봄비 내리는 날

벚꽃은 밤하늘 별똥별처럼
하는 일 없이 차창을 노크하며
하르륵 거리며 저만큼 달아나고

바다로 돌아가지 못한 태화강 연어
햇살을 두드리며 강물을 붉게 물들인다

귀조차 닫아 놓고
유물이 되지 못한 하루를 저당 잡혀
너에게로 가는 길

달빛처럼 환한 벚나무는
북을 들고 일렬서 서서
두둥둥 두리 둥둥

내, 가슴은 두둥 두둥

어떤 변천사

화려한 불빛 속으로 달려드는 불나방처럼
희망조차 가물거리는 외등의 밤거리
차라리 눈 감고 걸으며 모른 척이나 하지
컴컴한 어둠 속 수화를 해서는 안 되었다
고달픈 우리 삶 모두가 거짓말이라도
욕된 허상을 꿈꾸며 버린대도 저리 좋을까
정장 차림 사내의 가방 속
팽팽한 세종대왕님 귀 어둠의 솔기 되었네
사과 상자 속 똬리를 틀다
언제부터인가 케이크 상자에 몸부림치더니
비린내 배어든 굴비가 누운 자리
영혼을 팔아버린 대왕님 모셔 왔네
이제 그 짓도 지겨웠는지
새들의 비명이 난무한 한 뼘
허공을 날아다닌 골프 가방 속 대왕님
민시름한 표정으로 좌정하셨네
그것도 넘치고 넘친지라 어느 순간
인자한 대왕님 모습 보이지 않고
큼지막한 루이뷔통 가방 어디서 모셔 왔을까
술패랭이꽃 닮은 신사임당 사위스레 앉아 계시네

나, 아내에게 속 빈 짝퉁 루이뷔통도
안겨 줄 수 없어
오늘도 슬프네

아니, 술 푸네

그들이 사는 방식

24개의 돌기둥으로 쌓인 성곽
시작을 알리는 의사봉 춤추고 이때만큼은
침묵은 죄악이고 악다구니는 최선이다
이곳에서는 예의나 격식 따윈 필요 없다
오직 나와 우리 편만 있을 뿐
운 좋게 지상파 단독 컷이라도 잡힌다면
19금 영상을 감상하는 것도 성공적
연출을 위해서는 그 어떤 각본도 용인된다
종이로 접은 학의 날개를 허구리에 매달고
하늘로 날아가는 환상을 꿈꾼다
눈부시게 찬란한 장미를 꺾어
날카로운 가시로 박쥐의 배를 가른다
네가 죽어야만 내가 사는 오징어 게임처럼
죽어도 살아야 하고 살아있어도 죽은 척해야 한다
세상에 정의는 없다는 것쯤 그들도 안다 이미
잠시 후 조명이 꺼지면 언제 그랬느냐며
서로 부둥켜안고 술잔을 부딪치며 축배를 든다
아직 길은 요원하다

신태양의 몰락

오미크론이 휩쓸고 간 도심 광장
그 많던 사람들은 다 어디로 갔을까
관절염을 앓은 노인만 몇 명 모여
부질없는 세월을 탓하며
햇살에 움츠린 어깨를 말리고 있다
광장 옆을 지나는 황금박쥐 가면을 쓴
둥글게 사는 법을 잃어버렸다는 아이
금방이라도 터질 듯한 울음을 참으며
부모의 손에 끌려가는 것을 한사코 거부하며
하늘을 향해 활시위를 당겼다
태양은 더 사뤄 낼 빛을 잃기 시작하고
잠시 후 어둠이 깔리기 시작하자
그제야 얼굴에 웃음기를 찾아
다시 사랑하는 법을 배웠다는 아이
시간이 잠든 밤거리를 걸으며
지나는 사람들에게 외친다
다시 햇불을 들어야 한다고
어쩌면 이번이 마지막 기회일지도 모른다고

신神의 손
- 해운대 정수창 지압원 원장

인적 드문 협곡에 마주 서 있다
바람조차 두려워 비켜 간 칼바위 위
상대는 호남 제일의 김제 문파 정 장문인
눈보라가 일기 시작하자 미동도 없는 그가
무형 검을 들어 매화검수를 시전하자
순식간에 족지골과 종족골 족근골을 제압당한다
세상 통증이란 통증은 다 끌어온 듯
발끝에서 머리끝까지 전해오는 짜릿함
숨조차 쉴 수 없는 고통이 온 몸에 뿌리 내린다
완벽하게 소진된 힘까지 끌어모아 보지만
바로 검기점혈로 덮쳐오자
바골, 경골, 대퇴골, 좌골, 치골이
차례로 인질이 된다
그가 한 수 또 한 수 현란한 진기를 전개할 때마다
온몸의 뼈가 흩어졌다 다시 모아지 길 반복한다
지금까지 살아오면서
이런 절기를 가진 자를 만나다니
어쩔 수 없이 60년을 연마한 36진법을 펼친다
그것도 잠시, 그의 엄지와 검지의 압력이 파도처럼
덮치자
장골, 늑연골, 빗장뼈를 지나 두개골까지 무너진다

오장육부는 이미 삼매진화 되어 검게 타들어 가고
더는 풀잎처럼 가벼운 힘으로는 버틸 수 없다
저 경지에 오르기까지 내공의 원천은 어디서 왔을까
산산 조각난 뼈마디가 꽃잎처럼 휘날린다
한 줄 남은 영혼마저 꿈속을 헤매고 있다
이제 무겁게 끌고 온 고통
이쯤에서 부려 놓을까

한 시진이 지났을까
고통이 잠시 잠든 사이 바람이 멈춘다
실눈을 뜨고 조심스럽게 운기조식을 하자
갑자기 가벼워진 몸뚱어리

나, 시방
깨어나고 싶지 않은 꿈을 꾸며

구름 위를 직립보행 중

다시 코스프레

40년을 한결같이 새벽 별 보고 출근해도
온전하게 가족조차 품을 수 없었어
어쩌다 입금된 저작권료는
소주 한 병 하고 반병을 시켜
안주도 없이 취하곤 했어
내 안의 낯선 나를 보며
그림자조차 찾을 수 없었어
그 어떠한 위안도 필요 없어
여러 갈래 길 한꺼번에 사라지는 꿈 꾸는 날
가위눌림마저 익숙해져 화들짝 깨어나
아직 살아있다는 것을 증명해야만 했어

뜨거운 가슴으로 늘 양보만이 미덕인 척
베풀고 버리는 것이 잘 사는 길이라며
세종대왕 귀를 고이 돌려보내며
정의를 숭배한 척
겉모습만 번지르르한 시인 놀이에 취해 살았어
위선자들이 날뛰는 세상에 숨죽이며 살았어

그래, 나도
악마가 지어준 따뜻한 밥을 먹을 줄 안다고

내 아버지 유언 아닌 유언처럼
도둑이 난무한 세상 차라리 큰 도둑이 될걸
부조화된 세상이라 소리치지 말고 침묵할걸
문전옥답 팔아 썩은 동아줄이라도 잡을걸
푸른 집이 그려진 지도 위
이곳이 내 땅이라고 영역표시라도 해 둘걸
그것도 아니면 용의 비닐이라도 한 조각 훔쳐
안쪽 주머니에 넣어 둘걸

가난한 자는 더욱 가난해지고
부자는 숨소리마저 숨긴 채 비열해야만
부자가 된다는 사실
유리문을 나오고 난 후 알았어
그리고 뼈저리게 후회했어

그래도 어쩌나
늑대들의 울음소리가 진리를 대신할 수 없어
가면에 가려진 얼굴로 태양을 쳐다볼 수는 없어

그래, 내 죄
나도 다 알아
물에 빠진 하루살이를 건져 준

그, 죄 말이야

버슴새*

더는 물러설 곳이 없다
타인의 이름으로 살아온 지난 생
마지막이 될지도 모를 오늘 무대
잠시 숨을 고르고 눈을 감는다
오늘은 제대로 미쳐야 한다
미치지 않고는 다시
제정신으로 무대에 설 수 없다
초록 물결 위 잠자리가 춤을 추듯
연꽃 위 이슬이 내려앉듯
하늘을 향해 손짓한다
무지개 피어나는 폭포수 아래 좌정하고
피를 토하며 연마한 탁음
허공 속에 조용히 부려 놓자
고요해서 더 맑은 눈물 같은 음표
잠시 후 조명이 쓸고 간 무대 위
완벽한 너를 벗어내고
가장 너다운 모습

---

* 버슴새 : 풍물 등의 예인들이 악기를 다루면서 최고의 경지에서 피는 얼굴 표정

초승달

이른 새벽 출근길

대나무 이파리 사이로

아스라한 쪽배 하나

낚시에 걸린 붕어처럼

입만 봉싯봉싯거리며

얼마 전 귀농한

황 씨네 비닐 천막 속

은밀한 아침을

훔쳐보고 있다

괜찮다! 괜찮아!

괜찮다
괜찮다 괜찮아
나는 정말 괜찮다

길이 없는 곳에도
사람다운 사람들이 사라진 땅에도
봄은 오고 사방에 꽃 만발하겠다
봄비에 꽃잎이 흩어지면
독배를 성배라 치켜들고 광란의 춤추며
꽃비 내린다 환호하겠지
그래도 괜찮다 괜찮아
정말 괜찮다

계엄군의 인정사정없이 휘두른 총칼에도
차가 완파될 정도의 세 번의 큰 사고와
죽음의 문턱까지 간 의료사고에도
무사히 살아 돌아왔으니
반백 년 넘고 또 더 넘어
자본과 권력을 한 손에 움켜쥔 조립된 로봇들이
유령처럼 번뜩거리며 세상을 낚아채 가도
더는 두려움마저 잊은 지 오래

영혼도 심장도 없는 기레기들이 쳐놓은 덫에
자신들의 부모 형제를 무참하게 짓밟아 버린
군홧발 아래에서도 무탈했으니
괜찮다 괜찮아
정말 괜찮다 나는

아! 그런데, 그런데 말이다
나의 아들아 딸아
너의 아이들아
미안하고 미안하구나
우리의 힘이 이것뿐인걸
우리들의 뜨거운 숨결이 딱 여기까지인걸
누구를 원망하고 탓할 수 있겠느냐
이제 우리는 땅과 하늘마저 빛을 잃어
더는 스스로 일어날 길이 없구나
한라산과 백두산이 서로 손짓하고
백령도와 독도의 바닷물이 어깨 맞대고
오천 아니 만년의 역사를 보듬으며
우리 함께 통일 노래 부를 수 있었던 마지막 기회
너희에게 물려줄 수 없는 운명인걸
이런 세상에 감당할 수 없는 짐만 지우고
가야겠다 떠나야겠다 나는

결코, 비겁해서가 아니라
새들과 함께 웃음기마저 사라진 이 땅
마지막 꿈도 희망도 같이 떠나고 말았으니

앞으로 또 앞으로
시간이 지나 세월이 되고
그 세월은 역사 되고
그 역사가 또 빛바랜 신화가 된다 한들
한 번 떠난 새들은
이 땅에 다시 돌아올 수 없다는 것쯤은
나도 안다

그래도, 괜찮다
정말 나는 괜찮다
괜찮아

이제 한동안 나와 너희들이 원한 세상은
꿈꿀 수 없어도

나는 내가 만든
나의 세상 나의 공화국
나의 산방으로
돌아갈 수 있으니
정말

나
는
괜
찮
다

업보業報

반려견과 산책 나선 학교 운동장
인문관 옆을 지나는데
난해한 언어로 쓰다만 불경佛經처럼
바닥에 어지럽게 떨어진 동백꽃
한 줄도 해독할 수 없어
깊은 신음만 내뱉는다
확연한 무너짐 앞 저 꽃잎조차
"한 송이 꽃으로 피어나기까지
만 번의 선한 일을 해야 피어난다"해서
'만행화萬行花'라 하는데
그런 나는 얼마나 덕을 쌓고 베풀 수 있어야
나 원하고 또 너도 원하는
우리를 위한 세상 만들 수 있을까
몇 겁劫에 걸쳐 마음공부 해야만
닫힌 마음의 문 열 수 있을까
햇살 한 줌에도 감사하며
은혜로운 마음으로 살 수 있을까

상강 霜降

갑작스러운 한파 주의보
갈 곳 없는 새들이 모여
묵은 울타리를 허물고
새집을 짓고 있습니다
마지막 깃털까지 뽑아 지은 둥지
온기라고는 당최 찾아볼 수 없어
가난한 사랑조차 더는 잠재울 수 없습니다
하필이면 이런 날 한 뼘 털이 자란 새끼들조차
둥지 아래로 몸을 던진 까닭
김 뿌연 창문 안에서
겨울을 나는 이들은 알지 못합니다
가장 가깝게 여긴 사람에게조차
버림받는 배반의 계절
밤에만 깨어나는 바람 소리에
가슴 데우는 따듯한 사연이나
그리운 안부도 전 하지 못한 채
발자국에 별이 박혀 떠나지 못하고
헐벗은 숲만 쳐다봅니다

반야般若

비안개 아가미마저 파랗게 질린 저녁
총기 장난감이 진열된 백화점 앞
한 아이가 바닥을 떼굴떼굴 구르고 있다
사람들의 시선이 엄해질수록
의지적 충동과 물리적 충동을 총동원하여
전면전을 불사할 기세다
아이의 투정과 생떼의 경계에 놀란 여자
화려하게 포장된 연발총을 건네자
아이는 의기양양하게 빠르게 총알을 장전하여
시각과 청각 영역을 내세워
국경 없는 영토를 한 뼘씩 점령해 나간다
그 맞은편 백화점 벽면 사진
독수리의 표적이 된 아프리카 난민 아이
갈비뼈와 갈비뼈 사이에 고인
창백한 눈물

빙하처럼 녹아 흐르고 있다

바람 자리

춘분春分도 한 참 지난
이른 새벽 부산역 광장
밤을 찢어 내는 꽃샘추위 속
술 취한 노숙자 몇 명
여명을 저만큼 밀어내고 있다
역사驛舍 맞은편 수평선
명암을 각색한 하늘을 한 겹씩 벗겨 내고
날 선 바람 비수를 품고 달려들 때마다
몸에 지닌 것이라고는 골판지 BOX 두어 장
날숨마저 다독이며 바닥에 엎드려
다음 생을 꿈꾸고 있다
퍼내도 퍼내도 마르지 않는 냉기
반쯤 기운 소주병에는 살얼음만 가득하고
그 옆에는 가슴에 제각기
매화, 진달래, 개나리, 산수유
꽃 이름표를 단 노숙자
몸 비닐 아련히 떨며 머리끝까지
봄을 끌어다 잠들어 있다

샘문시선집
한용운문학상 대상 수상 기념
칼잡이의 전설

김정호 제10시집

발행일 _ 2023년 3월 31일
발행인 _ 이정록
발행처 _ 도서출판 샘문
저 자 _ 김정호
감 수 _ 이정록
기 획 _ 박훈식
편집디자인 _ 신순옥, 한가을
인 쇄 _ 도서출판 샘문
주 소 _ 서울특별시 중랑구 동일로 101길 56, 3층(면목동, 삼포빌딩)
전화번호 _ 02-491-0060 / 02-491-0096
팩스번호 _ 02-491-0040
이메일 _ rok9539@daum.net / saemteonews@naver.com
홈페이지 _ www.saemmoon.co.kr (사단법인 문학그룹샘문)
          www.saemmoonnews.co.kr (샘문뉴스)
출판사등록 _ 제2019-26호
사업자등록증 등록 _ 113-82-76122
샘문사이버교육원 (온라인 원격)-교육부인가 공식교육기관 _ 제3201903122호
샘문평생교육원 (오프라인)-교육부인가 공식교육기관 _ 제3202003133호
샘문뉴스 등록번호 _ 서울, 아52256
ISBN _ 979-11-91111-47-7

본 도서는 2023년 부산광역시, 부산문화재단 '부산문화예술지원사업'으로
지원을 받았습니다.

본 시집의 구성은 작가의 의도에 따랐습니다.
이 책의 저작권은 저자와 도서출판 샘문에 있습니다.
무단 전재 및 표절, 복제를 금합니다.

파손된 책은 구입처에서 교환해 드립니다.
본지는 한국간행물 윤리위원회 윤리강령 및 실천요강을 준수합니다.

도서출간 안내

도서출판 샘문 에서는

시인님, 작가님들의 개인 〈시집〉 및 〈수필집〉, 〈소설집〉 등을 만들어 드립니다.
시집(시, 동시, 시조), 수필집, 소설집(단편, 중편, 장편), 콩트집, 평론집, 희곡집(시나리오), 동요, 동화집, 칼럼집 등 다양한 장르의 출판을 원하시는 분은 언제든지 당 문학사 출판부에 문의해 주시기 바랍니다.
좋은 문집을 만들어 드리기 위해 최선의 노력을 다하겠습니다.

빅뉴스

필명이 샘터인 이정록시인 (아호 : 지율, 승목)이 2020년 7월 31일 재발행한 「산책로에서 만난 사랑」이 오프라인 서점, 온라인 서점, 오픈마켓에서 절찬리에 발매 되었으며, 특히 교보문고에서는 1년간 베스트셀러를 기록하였으며, 현재 스테디셀러를 지속하고 있습니다.
샘문 시선집으로 유수에 로펌 출판사와 저명 시인들을 제치고 베스트셀러를 기록한 후 스테디셀러 행진 중이며 교보문고 「골든존」에 등극한 것은 샘문 시선집의 브랜드력과 당 문학사 대표 시인인 이정록 시인의 저명성과 주지성이 독자 확보력이 최선상임이 증명 된 사례입니다. 또한 네이버에서 〈판매순위〉, 〈평점순위〉, 〈가격순위〉를 교보문고 등에서 1위를 지속하고 있는 시집을 네이버에서 전국서점을 모니터링 한 후 베스트셀러로 선정하였고, 이어 원형에 붉은색 사인(sign) 낙관을 찍어 줬습니다. 그후 서창원 시인의 〈포에 트리 파라다이스〉가 베스트셀러로 선정되었으며 강성화 시인, 박동희 시인, 김영운 시인, 남미숙 시인, 이종식 시인, 이수달 시인, 정완식 소설가, 이동춘 시인이 또 베스트셀러로 선정되었습니다.

샘문특전

교보문고, 영풍문고, 인터파크, 알라딘, 예스24, 11번가, GS Shop, 쿠팡, 위메프, G마켓, 옥션, 하프클럽, 샘문쇼핑몰, 네이버 책 등 주요 오프라인, 온라인, 오픈마켓 서점 및 쇼핑몰에 공급하고 있습니다.
기획, 교정, 편집, 디자인에 최고의 시인(문학박사) 및 작가 등 전문가들이 참여하여 감성이 살아있는 시집, 수필집, 소설집을 만들어 드립니다. 인쇄, 제본 용지를 품질 좋은 우수한 것만 사용합니다.
당 문학사 컨버전스 감성시집과 샘터문학신문, 홈페이지, 샘문 쇼핑몰, 페이스북, 밴드, 카페, 블로그 합쳐 7만명의 회원들이 활동하는 SNS를 통해 홍보해 드립니다.
당 출판사를 통해 국립중앙도서관 및 국회도서관에 납본하여 영구보존합니다.
당 문학사 정회원은 출판비 〈10% 할인〉이 적용됩니다.
교보문고 광화문 본점 매장에 전용판 매대에 전시됩니다.
출판비 할부도 가능합니다.(각종 카드사 6개월 ~ 12개월 까지 할부가능)

문의처

TEL : 02-496-0060 / 02-491-0096 | FAX : 02-491-0040
휴대폰 : 010-4409-9539 / 010-9938-9539
E-mail : rok9539@daum.net
홈페이지 : http://www.saemmoon.co.kr
　　　　　http://www.saemmoonnews.co.kr
주소 : 서울시 중랑구 101길 56, 3층 (면목동, 삼포빌딩)
계좌번호 : 농협 / 도서출판 샘문 351-1093-1936-63

신 문 학 헌 장

　문학이 인간에게 어떤 역할을 하는지, 주는 감동이 얼마나 큰 것인지를 알아야 한다.

　작품을 출산하고 매체를 통해서 보여주고 이를 인간이 향수할 때 비로소 본질을 찾을 수 있다.

　시인, 작가들은 청정한 생명수가 솟아나는 샘물을 제공하는 마중물이 될 것이며 노마드 신문학파로서 별들이 꿈꾸는 상상 속 초원을 누비며 별꽃을 터트려야 한다.

　문학활동은 인간의 영성을 승화시켜 은사적, 이타적 인생을 살아가도록 구축해 주는 도구로 인간이 창조한 가장 심원한 예술이며, 갈구하는 본향을 찾아가고 이상을 실현시키는 수단이다.

　문학인은 시대정신을 바탕으로 황폐화된 인류의 치유와 날선 정의로 부패한 권력과 자본을 정화하고 보편적 가치로 약한 자를 측은지심 으로 대하는 보호자가 되어야 한다.

　우리는 작금의 한국문학을 점검, 반성하며 이를 혁신하여 시대와 국민과 문학인이 함께하는 문학헌장을 제정하여 신문학운동을 전개할 것을 선언한다.

　첫째 : 삶에 기여하는 숭고한 문학을 컨버전스화 하고 고품격 콘텐츠로 승화 시켜 인류가 향수하게 한다.

　둘째 : 수천 년 역사의 한민족 문화콘텐츠를 한류화하여 노벨꽃을 피우고, 인류의 평화, 자유, 행복에 기여한다.

　셋째 : 위대한 가치가 있는 문화이기에 치열한 변화를 모색하고 품격을 최선상으로 끌어올려 세계문학을 선도하자.

2021. 06. 06

헌장문 저자 이정록